Katja Reider · Jutta Bücker

Trüffel und Rosalie

Trüffel und Rosalie

Eine Geschichte von Katja Reider
mit Bildern von Jutta Bücker

sanssouci

13 14 15 09 08 07 06

ISBN 3-7254-1301-0

Einbandillustration: Jutta Bücker
Lithos: ReproLine mediateam, München
Satz: Nina Engel, München
Druck und Bindung: Memminger MedienCentrum AG
Printed in Germany

Eine Geschichte vom Glück

Das ist Trüffel, wenn er lacht.

Das ist Trüffel.

Das ist Trüffel, wenn er tanzt.

Das ist Trüffel, wenn er träumt.

Trüffel träumt oft.
Am liebsten unter einem Apfelbaum.
Trüffel träumt vom großen Glück.

1967
2. Platz

»Willst du nicht mal etwas **Richtiges** machen?«, fragt Trüffels Mutter. »Du könntest mit deiner Laubsäge arbeiten oder Hockey spielen oder dich für bedrohte Ferkel engagieren!«

»Als ich in deinem Alter war«, sagt Trüffels Vater, »war ich Kapitän des 1. FC Wildschwein und träumte vom Aufstieg.«

»Aber ich träume doch auch«, sagt Trüffel.

Später hat Trüffel zwei Freunde:
Bürste und Carlo.
Bürste und Carlo träumen auch.
Aber nur nachts.

Bürste träumt von Schokoladentorte.

Carlo träumt von Schweinereien.

Ganz anders als Trüffel.
Trüffel träumt vom großen Glück. Jetzt besonders.
Denn sein Apfelbaum steht in voller Blüte.
Trüffel ist wie im Rausch. Und er ist es nicht allein.
Unter dem Apfelbaum träumt noch ein Schwein!

»Trüffel«, stellt sich Trüffel bebend vor.
»Rosalie«, haucht sein Gegenüber zart errötend.
»Wie sonst?«, flüstert Trüffel.
Der Rest ist Seufzen. Und Seligkeit.

Beflügelt eilt Trüffel davon,
um der Welt sein Glück zu verkünden.
Bürste und Carlo werden Augen machen!
Trüffel irrt. Die Freunde sind entsetzt:
Was sich Trüffel da eingebrockt habe …!

Eingebrockt? Wieso?
Trüffel versteht nicht.
Ist nicht alles wunderbar?

Wird sein Traum nicht eben wahr?

Bürste und Carlo schütteln die Köpfe.
Was ihm, Trüffel, nur einfalle,
dem erstbesten süßen Schwein ins Netz zu gehen,
das unter dem Apfelbaum liege?!

Habe sich Trüffel womöglich ein Ferkel andrehen lassen?
Hoffentlich nicht! Wo doch an jeder Ecke
neue zarte Versuchungen warten, bereit, gepflückt zu werden.
Trüffel ist verstört.

Bürste und Carlo sehen umso klarer:

Schluss mit der Träumerei!

Trüffel muss endlich ein richtiges Schwein werden!

Frischfleisch wartet an allen Ecken:

Knusprig

Scharf

Süßsauer

Trüffel muss alles kosten!

Vergeblich:

Trüffel träumt von Rosalie.
Trüffel ist ein hoffnungsloser Fall. Bürste und Carlo seufzen.
Glaubt, diese Rosalie würde ihn lieben, so wie er ist.
Bei der Konkurrenz!
Ausgeschlossen!
Lachhaft!

Frauen erwarten mehr vom Schwein:
Erfolg Geld Macht
Leidenschaft nur wohldosiert.
Bürste und Carlo kennen sich aus.

Trüffel tut, was er kann.
Für Rosalie bleibt keine Zeit mehr.

Denn Trüffel jongliert mit Aktien,
trainiert mit Hanteln,
frisiert seinen Flitzer und sich selbst.
»Voll abgefahren!«, ruft Bürste.
»Keine Spur vom alten Trüffel!«, jubelt Carlo.

Das stimmt.
Rosalie schaut nicht mal aus dem Fenster,
als Trüffel vorfährt.
Erkennt sie ihn denn nicht?
Hat sie ihn vergessen?

Trüffel ist am Boden zerstört.

»Was soll's«, sagen die Freunde.
»Sie wollte wohl ein noch größeres Schwein.«
»Sie wollte mich, wie ich war!«, schreit Trüffel.

»Aber du warst nichts«,
sagen die Freunde.

»Ich war glücklich«, flüstert Trüffel.
Er rauft seine frisierten Borsten
und flieht. Wohin?

Natürlich zum Apfelbaum.
Die Äpfel sind jetzt reif.
Ach, wie sie duften!
Trüffel ist wie im Rausch. Und er ist es nicht allein.
Unter dem Apfelbaum ist noch ein Schwein.

Natürlich zum Apfelbaum.
Die Äpfel sind jetzt reif.
Ach, wie sie duften!
Rosalie ist wie im Rausch. Und sie ist es nicht allein.
Unter dem Apfelbaum ist noch ein Schwein.

»Vergiss ihn«, sagen die Freundinnen.
»Alle Männer sind Schweine.
Er wollte dich eben nicht wirklich.«

»Doch«, weint Rosalie, »genau das wollte er.
Er wollte mich **wirklich**.«
Sie weint ihre Wimperntusche weg.
Sie wälzt sich im Staub.
Sie flüchtet.
Wohin?

Rosalie ist untröstlich.

Das stimmt.
Trüffel fährt an Rosalie vorbei.
Er erkennt sie nicht mehr.

Sie macht gerade das Beste aus ihrem Typ:

Neue Frisur.

Neues Styling.

Neues Outfit.

»Phantastisch!«, ruft Lotte.

»Nicht wiederzuerkennen!«, jubelt Clara.

Und Rosalie muss viel an sich arbeiten: Walken am Morgen,
Workout statt Mittag, abends Gehirnjogging, nachts
Gurkenmasken und Yoga gegen den Stress.
Für Trüffel bleibt keine Zeit mehr.
Schade gewiss, sagen Lotte und Clara,
aber frau muss Prioritäten setzen.

Rosalie sagt gar nichts mehr.

Rosalie träumt von Trüffel.
Lotte und Clara seufzen.
Rosalie ist ein hoffnungsloser Fall.
Glaubt, dieser Trüffel würde sie ewig lieben, so wie sie ist.
Bei der Konkurrenz! Undenkbar! Lächerlich naiv!
Liebe ist Arbeit. Begehren sowieso.

Vergeblich:

Lotte und Clara sehen umso klarer:
Schluss mit der Träumerei!
Rosalie muss Schweine kennen lernen:

Glücksschweine
miese Schweine
arme Schweine
Stachelschweine

Lotte und Clara schütteln die Köpfe.
Was sie, Rosalie, sich denke,
mit dem erstbesten Schwein anzubändeln,
das zufällig unter ihrem Apfelbaum liege?!
Das sei doch keine Art.

Schließlich sei die Welt voller Schweine.
Rosalie müsse sie erst mal in Augenschein nehmen,
um dann eine Auswahl zu treffen.
Rosalie ist verstört.

Ist nicht alles wunderbar?

Beschwingt eilt Rosalie davon,
der Welt ihr Glück zu verkünden.
Ach, wie werden sich Lotte und Clara freuen!
Doch Rosalie irrt.
Die Freundinnen sind besorgt.

Rosalies Lage sei schwierig.
Schwierig? Wieso schwierig?
Rosalie versteht nicht.
Wird ihr Traum nicht eben wahr?

»Trüffel«, stellt sich Rosalies Gegenüber schüchtern vor.
»Rosalie«, haucht Rosalie und errötet zart.
»Wie sonst?«, flüstert Trüffel.
Der Rest ist Schweigen. Und Seufzen.

Lotte träumt vom großen Geld.

Ganz anders als Rosalie.
Rosalie träumt von der Liebe. Jetzt besonders.
Denn ihr Apfelbaum steht in voller Blüte.
Rosalie ist wie verzaubert. Und sie ist es nicht allein.
Unter dem Apfelbaum liegt noch ein Schwein.

Später hat Rosalie zwei Freundinnen:
Lotte und Clara.
Lotte und Clara träumen auch.
Aber nur, wenn es nicht stört.

Clara träumt vom großen Ruhm.

»Weißt du nichts Besseres mit deiner Zeit
anzufangen?«, fragt Rosalies Vater manchmal.
»Du könntest Französisch lernen oder Ballett
tanzen oder ein Instrument spielen …«

»Ach, wenn ich so viel Zeit
hätte wie du«, seufzt Rosalies Mutter,
»was ich da alles machen würde …!«

»Aber ich **mache** doch etwas«, sagt Rosalie. »Ich träume.«

Rosalie liegt am liebsten unter einem Apfelbaum und träumt.
Rosalie träumt von der Liebe.

Das ist Rosalie von hinten.

Und so sieht Rosalie von der Seite aus.

Das ist Rosalie.
Das ist Rosalie von vorn.

Eine Geschichte von der Liebe

13 14 15 09 08 07 06

ISBN 3-7254-1301-0

Einbandillustration: Jutta Bücker
Lithos: ReproLine mediateam, München
Satz: Nina Engel, München
Druck und Bindung: Memminger MedienCentrum AG
Printed in Germany

Rosalie und Trüffel

Eine Geschichte von Katja Reider
mit Bildern von Jutta Bücker

sanssouci

Katja Reider · Jutta Bücker

Rosalie und Trüffel